DE LA

PROPRIÉTÉ LITTÉRAIRE

DRAMATIQUE & ARTISTIQUE

DANS LES DIVERS ÉTATS DE L'AMÉRIQUE LATINE

ÉTUDES DE LÉGISLATION COMPARÉE

PAR

MARCEL GUAY

DOCTEUR EN DROIT

AVOCAT A LA COUR D'APPEL DE PARIS

L'œuvre littéraire est une propriété, s'il y a une propriété...

M. JULES SIMON.
(*Discours prononcé au Corps législatif, dans la séance du 4 juin 1866.*)

C'est surtout par la législation comparée que la question de la propriété littéraire peut avancer vers sa solution.

VICTOR FOUCHER.
(*De la propriété littéraire et de la contrefaçon.*)

1° MEXIQUE

PARIS

LIBRAIRIE DE JURISPRUDENCE ANCIENNE ET MODERNE

DE DUCHEMIN

Rue Cujas, 10.

1876

TRADUCTION ET COMMENTAIRE

DES

Articles 1245-1387

DU

NOUVEAU CODE CIVIL

DE

MEXICO

Voté le 8 Décembre 1870

I. TRADUCTION

NOUVEAU CODE CIVIL DE MEXICO [1]

Articles 1245-1387

LIVRE II, TITRE 8. — DU TRAVAIL (2)

CHAPITRE I.

DISPOSITIONS PRÉLIMINAIRES.

Article **1245**. — Tout homme est libre d'embrasser la profession, l'industrie ou le travail qui lui conviennent, pourvu que cette profession, cette industrie, ce travail soient utiles et honnêtes, et il peut s'en approprier les produits. Cette double faculté ne peut lui être retirée que par une sentence judiciaire ou par un décret du gouvernement rendu dans les termes prescrits par la loi, suivant qu'il porte atteinte aux droits d'un tiers ou à ceux de la société.

1246. — La propriété des produits du travail et de l'industrie se règle par les mêmes lois que la propriété de droit commun, sauf les hypothèses pour lesquelles le présent Code contient des prescriptions spéciales.

CHAPITRE II.

DE LA PROPRIÉTÉ LITTÉRAIRE.

1247. — Les habitants de la République mexicaine ont le droit exclusif de publier et de reproduire toutes les fois que bon leur semble tout ou partie de leurs œuvres originales, soit par des copies manuscrites, soit par l'imprimerie, la lithographie ou autres procédés analogues.

(1) Ce Code, qui ne comprend pas moins de 4126 articles, est en vigueur depuis le 1er mars 1871.

1248. — On observera pour la publication les dispositions de la loi qui réglemente l'exercice de la liberté de la presse.

1249. — Le droit reconnu par l'article 1247 s'applique aux leçons orales et écrites et à tous autres discours prononcés en public.

1250. — Les plaidoiries et les discours recueillis dans les assemblées politiques ne constituent une propriété littéraire que dans l'hypothèse où l'on prétendrait en former une collection.

1251. — Toutes les dispositions du présent Titre s'appliquent à l'ouvrage manuscrit.

1252. — Les lettres missives ne peuvent être publiées sans le consentement des deux correspondants ou de leurs héritiers, sauf le cas où la publication en deviendrait nécessaire soit pour la preuve ou la défense d'un droit, soit pour satisfaire à l'intérêt public ou faciliter le progrès des sciences.

1253. — L'auteur jouira du droit de propriété littéraire pendant sa vie ; à sa mort, la propriété littéraire passera à ses héritiers conformément aux lois (1).

1254. — L'auteur et ses héritiers peuvent aliéner la propriété littéraire comme toute autre propriété, et le cessionnaire succédera à tous les droits de l'auteur sur son œuvre, d'après les conditions exprimées au contrat.

1255. — Si la cession se fait pour une période plus courte que la période établie dans certains cas par le Code pour la durée de la propriété, le cédant recouvrera tous ses droits à l'expiration du temps convenu.

1256. — Si la cession a lieu pour un temps supérieur à la durée légale, elle sera nulle pour l'excédant.

1257. — En ce qui touche les œuvres posthumes, l'héritier ou le cessionnaire aura le même droit que l'auteur.

1258. — L'éditeur d'un ouvrage posthume dont l'auteur est connu,

(1) Cette disposition fondamentale consacre la perpétuité de la propriété littéraire et de la propriété artistique : elle constitue à elle seule l'originalité de la législation mexicaine en cette matière, et sa supériorité sur les autres législations actuellement en vigueur. Malheureusement, l'article 1283, d'après lequel la durée *posthume* du droit exclusif de *représentation* des œuvres dramatiques est fixée à trente ans, dépare cette législation, car, comme nous espérons pouvoir le démontrer dans notre *Commentaire*, cette différence ne se justifie à aucun point de vue.

s'il n'est pas lui-même héritier ou cessionnaire de l'auteur, aura la propriété littéraire pendant trente ans.

1259. — Les œuvres anonymes ou pseudonymes sont réglées par les dispositions du présent chapitre, pourvu que l'auteur, ses héritiers ou ses représentants prouvent légalement leurs titres à la propriété littéraire.

1260. — Si l'auteur, après avoir cédé la propriété de son œuvre, y fait des changements substantiels, le cessionnaire ne pourra interdire ni à l'auteur ni à ses héritiers la publication ou la cession de l'ouvrage ainsi modifié.

1261.—Pour statuer dans l'hypothèse prévue par l'article précédent, le juge entendra l'avis de deux experts, nommés respectivement par chacune des parties. Il pourra, en outre, consulter les personnes ou les corporations que bon lui semblera.

1262. — Les académies et autres établissements scientifiques ou littéraires jouissent de la propriété des œuvres par eux publiées pendant ving-cinq ans.

1263. — Lorsque plusieurs auteurs ont composé en commun une encyclopédie, un dictionnaire, un journal ou un autre ouvrage, et que leurs noms sont connus, sans toutefois qu'il soit possible de distinguer leur part de travail dans la composition, la propriété littéraire leur sera commune à tous, et l'on appliquera, quant à l'exercice et à la répartition de cette propriété entre les divers ayants droit, les articles 1367 et 1368.

1264. — Dans le cas prévu par l'article précédent, si l'un des auteurs vient à mourir sans laisser d'héritiers ni de cessionnaires, son droit accroîtra à ses collaborateurs.

1265. — Si les auteurs d'un ouvrage du genre de ceux qui sont désignés dans l'art. 1263 sont connus, ou bien s'il est possible de déterminer quel est l'auteur de chaque article, chacun des collaborateurs jouira de sa propriété littéraire conformément à la loi, mais la publication de l'ouvrage entier ne pourra avoir lieu sans le consentement de la majorité.

1266. — Si l'ouvrage composé par différents individus a été entrepris ou publié par un seul individu ou par une corporation, cet individu ou cette corporation auront la propriété de l'ouvrage entier, sauf le droit pour chacun des auteurs de publier à nouveau ses articles soit détachés, soit en collection.

1267. — Dans le cas prévu par l'article précédent, l'éditeur ne pourra publier séparément lesdits articles sans le consentement de leurs auteurs.

1268. — Dans les journaux politiques, les articles scientifiques, littéraires ou artistiques, soit originaux, soit traduits, constituent seuls des propriétés littéraires. Néanmoins, toute personne qui reproduit un extrait quelconque de la partie du journal non susceptible de propriété exclusive, doit indiquer le titre et le numéro du journal où elle l'a puisé.

1269. — L'auteur a le droit de se réserver la faculté de publier la traduction de ses œuvres; mais, dans ce cas, il doit déclarer si la réserve du droit de traduction est spéciale à une langue déterminée ou si elle s'étend à toutes les langues.

1270. — Si l'auteur n'a pas fait cette réserve ou s'il a concédé la faculté de traduire l'ouvrage, le traducteur aura sur sa traduction les mêmes droits que l'auteur, mais sans pouvoir empêcher personne de faire une autre traduction, à moins que l'auteur ne lui ait concédé également cette faculté.

1271. – Les auteurs qui ne résident pas sur le territoire national et qui publient un ouvrage hors de la République mexicaine, jouiront pendant dix ans du droit de traduction reconnu par l'art. 1269.

1272. — Si le traducteur d'un ouvrage dénonce l'existence d'une nouvelle traduction, prétendant qu'elle reproduit la première et qu'elle ne constitue pas un nouveau travail entrepris sur l'original, le juge ne statuera qu'après avoir agi conformément aux prescriptions édictées par l'art. 1261.

1273. — Personne ne pourra, sous le prétexte de l'annoter, de le commenter, d'en augmenter ou d'en corriger l'édition, reproduire l'ouvrage d'autrui sans le consentement de son auteur. — Celui qui aura fait des additions ou des annotations à l'ouvrage d'autrui pourra, toutefois, les publier séparément, auquel cas ces additions ou annotations constitueront à son profit une propriété littéraire.

1274. — L'autorisation de l'auteur est également nécessaire à quiconque veut faire un extrait ou un abrégé de son ouvrage. Néanmoins, si l'extrait ou abrégé a un tel mérite ou une telle importance relativement au tout qu'il constitue à lui seul un ouvrage nouveau ou qu'il serve puissamment l'intérêt public, le gouvernement, après avoir préalablement entendu les intéressés et deux experts nommés respectivement par chaque partie, pourra permettre l'impression.

1275. — Dans le cas prévu par l'article précédent, l'auteur ou le propriétaire de l'ouvrage primitif aura droit à une indemnité dont le taux sera de quinze à trente pour cent des produits nets de l'abrégé et qui s'appliquera à toutes les éditions qui en seront faites.

1276. — L'éditeur, s'il n'est ni l'héritier ni le cessionnaire de celui qui a la propriété littéraire de l'ouvrage ou de la traduction, n'a d'autres droits que ceux que lui attribue le contrat qu'il aurait passé.

1277. — L'éditeur d'un ouvrage tombé dans le domaine public n'en aura la propriété exclusive que pendant le temps nécessaire à la publication augmenté d'une année. Cette propriété n'implique pas le droit d'interdire les éditions faites hors du territoire de la République mexicaine.

1278. — L'éditeur d'un ouvrage anonyme ou pseudonyme jouira du droit d'auteur, sous la réserve des dispositions contenues en l'article 1259.

1279. — Dans l'hypothèse prévue par ledit article, le propriétaire recouvrera tous ses droits, et l'éditeur mettra à sa disposition les exemplaires existants ou le prix de ces exemplaires. S'il est prouvé qu'il a agi de mauvaise foi, il sera procédé contre lui conformément aux lois.

1280. — Celui qui publie pour la première fois un manuscrit dont il est le légitime possesseur aura la *propriété d'édition* pendant sa vie.

1281. — Chacun peut publier les lois, les autres actes du gouvernement et les décisions judiciaires, mais après que la publication officielle en a été faite, l'éditeur devant se conformer au texte authentique. Toutefois, nul ne peut publier en collection les lois fédérales ou les lois d'un État particulier de la République mexicaine sans avoir préalablement obtenu l'autorisation du gouvernement central ou celle de l'État particulier.

1282. — Dans les cas exceptionnels où la propriété littéraire est temporaire, le délai assigné à la durée de cette propriété se comptera à partir de la date de l'ouvrage. Si cette date est inconnue, le point de départ sera le premier janvier de l'année postérieure à celle dans laquelle on aura fait paraître l'ouvrage, le dernier volume, le dernier cahier, la dernière livraison.

CHAPITRE III.

DE LA PROPRIÉTÉ DRAMATIQUE.

1283. — Les auteurs dramatiques, indépendamment du droit exclusif de *publication* et de reproduction de leurs œuvres, ont aussi un droit exclusif de *représentation*.

1284. — L'auteur dramatique jouira du droit exclusif de représentation pendant sa vie : à sa mort, ce droit passera à ses héritiers, qui en jouiront pendant trente ans.

1285. — Les cessionnaires du droit de représentation n'en jouiront que pendant la vie de l'auteur et trente ans après sa mort.

1286. — A l'expiration des délais établis par les articles précédents, les œuvres tomberont dans le domaine public quant au droit de représentation.

1287. — Les créanciers de l'entreprise théâtrale ne peuvent saisir la portion qui est attribuée à l'auteur dramatique dans la recette.

1288. — L'auteur peut, dans le contrat qui intervient entre lui et l'entrepreneur de spectacles pour la représentation de sa pièce, limiter le nombre des représentations et insérer les modalités et les conditions que bon lui semblera; stipuler, en conséquence, qu'elle ne se jouera que pendant un certain temps, que dans une certaine ville, que sur un certain théâtre.

1289. — L'auteur peut faire à sa pièce les changements et les corrections qu'il juge convenables. Mais il ne peut en dénaturer aucune partie essentielle sans l'approbation de l'entreprise.

1290. — L'entreprise ne communiquera, sous quelque prétexte que ce soit, la pièce qu'elle aurait à l'état de manuscrit à aucune personne étrangère au théâtre, sans l'autorisation expresse de l'auteur.

1291. — L'auteur qui a fait recevoir une œuvre dramatique ne peut plus en céder le droit de représentation à une entreprise différente que d'après les clauses contenues au contrat. Il ne peut davantage publier ou donner à la scène une imitation de la pièce.

1292. — Lorsque l'œuvre n'est pas représentée à l'époque et aux conditions convenues, l'auteur peut la retirer librement.

1293. — Lorsque le contrat ne détermine pas l'époque de la représentation, la pièce pourra être retirée par l'auteur s'il s'est écoulé une année depuis le jour de la réception sans qu'elle ait été jouée.

1294. — Le même droit appartient à l'auteur dont la pièce cesse d'être représentée pendant cinq ans sans juste cause.

1295. — Dans les cas prévus par les trois articles précédents, l'auteur n'est pas tenu de restituer les sommes d'argent qu'il aurait reçues.

1296. — Les œuvres dramatiques posthumes ne peuvent être représentées sans l'autorisation des héritiers ou cessionnaires, lesquels jouiront des droits accordés par les articles 1284 et 1285.

1297. — L'éditeur d'une pièce de théâtre posthume, lorsqu'il se trouve dans les conditions prévues par l'art. 1258, n'en aura la propriété dramatique que pendant vingt ans.

1298. — L'éditeur d'une pièce de théâtre anonyme ou pseudonyme en aura la propriété dramatique pendant trente ans. Mais si l'auteur, ses héritiers ou cessionnaires établissent légalement leurs droits, ils recouvreront la propriété, et, en conséquence, tous traités qui seraient intervenus quant à la représentation de la pièce prendront fin.

1299. — Lorsqu'une pièce de théâtre a été composée par plusieurs auteurs, chacun d'eux a le droit d'en autoriser la représentation. Il n'en sera autrement qu'en présence d'une stipulation contraire ou bien si l'on allègue une juste cause, laquelle sera appréciée par l'autorité politique et après expertise préalable.

1300. — Dans le cas prévu par l'article précédent, les héritiers ou cessionnaires auront le même droit. Mais si un collaborateur laisse à lui seul plusieurs héritiers ou cessionnaires, leur opinion, recueillie dans la forme établie par l'art. 1367, ne comptera que pour une voix et représentera uniquement celle de l'auteur qu'ils représentent.

1301. — Dans la même hypothèse, si l'un des auteurs de la pièce meurt sans laisser aucun hériter ni cessionnaire, la propriété accroîtra aux autres; mais la portion de la recette qui aurait été attribuée au défunt sera consacrée à l'encouragement des théâtres.

1302. — La cession du droit de publication d'une œuvre dramatique n'emporte pas celle du droit de représentation, sauf stipulation expresse.

1303. — Sont applicables au traducteur toutes les dispositions relatives à l'auteur.

1304. — Dans les cas où la propriété dramatique a une durée fixe, le délai sera compté à partir de la première représentation.

1305. — Toutes les dispositions renfermées dans les articles 1254-1257 et 1269-1272 relativement au droit de publication d'un ouvrage, s'appliqueront également au droit de représentation.

CHAPITRE IV.

DE LA PROPRIÉTÉ ARTISTIQUE.

1306. — Ont un droit exclusif de reproduction sur leurs œuvres originales : — 1° Les auteurs de cartes géographiques et topographiques, de dessins scientifiques et d'architecture, etc., et les auteurs de plans, gravures et dessins de toute espèce; — 2° Les architectes; — 3° Les peintres, graveurs, lithographes et photographes; — 4° Les sculpteurs, tant pour celles de leurs œuvres qui sont entièrement achevées que pour leurs modèles et moules; — 5° Les musiciens; — 6° Les calligraphes.

1307. — La propriété artistique se règle, quant au droit de reproduction de l'œuvre originale, par les articles 1251, 1253, 1266, 1273-1279 et 1282, dans leurs hypothèses respectives et en tant qu'ils sont applicables aux œuvres d'art.

1308. — Le droit d'exécution des compositions musicales se règle par les articles 1283-1302 et par l'article 1304, relatifs à la propriété dramatique.

1309. — Pour les effets juridiques, l'auteur de la musique est considéré comme étant aussi l'auteur des paroles, sauf à l'auteur des paroles à garantir ses droits par une convention écrite passée avec le compositeur.

1310. — La propriété musicale emporte pour l'auteur le droit exclusif de conclure des traités quant aux arrangements à composer sur les motifs ou thèmes de l'œuvre originale.

1311. — Tous ceux qui ont la propriété artistique peuvent reproduire ou permettre de reproduire à l'exclusion de tous autres, en tout ou en partie, les œuvres qui font l'objet de cette propriété, et cela par un art ou procédé soit identique, soit différent, suivant les mêmes proportions ou des proportions différentes.

1312. — Le reproducteur légitime aura les droits de l'artiste lui-même dans la mesure déterminée par le contrat.

1313. — L'acquéreur de la propriété d'une œuvre d'art n'est pas présumé avoir acquis en même temps le droit de reproduction, lorsqu'il ne l'a pas explicitement stipulé dans le contrat.

1314. — L'artiste qui exécute un ouvrage sur la commande d'une personne déterminée, perd le droit de le reproduire au moyen du même art.

1315. — Le possesseur d'un modèle de sculpture est présumé avoir le droit exclusif de reproduction, sauf preuve contraire.

CHAPITRE V.

DE LA CONTREFAÇON.

1316. — Constituent une contrefaçon, en l'absence du consentement du légitime propriétaire :

1° La publication des œuvres, discours, leçons et articles originaux visés par le chapitre II du présent Titre ;

2° La publication des traductions desdites œuvres ;

3° La représentation des œuvres dramatiques et l'exécution des compositions musicales ;

4° La publication et la reproduction des œuvres artistiques effectuées par le même procédé que celui qui a été employé par l'artiste lui-même ou par un procédé différent ;

5° L'omission du nom de l'auteur ou de celui du traducteur ;

6° Le changement du titre de l'ouvrage original, la suppression ou la modification d'une partie quelconque ;

7° La publication d'un nombre d'exemplaires supérieur à celui qui a été fixé par le contrat en conformité de l'article 1363 ;

8° La reproduction d'une œuvre d'architecture, lorsqu'il est nécessaire, pour effectuer cette reproduction, de pénétrer dans une maison particulière;

9° La publication et l'exécution d'une pièce musicale formée d'extraits d'autres pièces;

10° L'arrangement d'une composition musicale pour des instruments séparés.

1317. — Constituent aussi une contrefaçon la publication, la reproduction ou la représentation d'un ouvrage faite au mépris des conditions ou au delà du temps assigné dans certaines hypothèses par les précédents chapitres.

1318. — Constitue une contrefaçon l'annonce d'une œuvre dramatique ou d'une composition musicale, quand même la pièce viendrait à ne pas être représentée et sans qu'il y ait à distinguer si l'annonce contenait ou ne contenait pas le nom de l'auteur ou celui du traducteur, toutes les fois que le propriétaire n'a pas donné son consentement.

1319. — Il en est de même du débit des œuvres contrefaisantes effectué soit sur le territoire de la République mexicaine, soit à l'étranger.

1320. — Constitue encore une contrefaçon la publication d'un ouvrage faite en violation des dispositions contenues en la loi qui réglemente la liberté de la presse.

1321. — Enfin constitue une contrefaçon toute publication ou reproduction qui ne serait pas explicitement visée par l'article suivant.

1322. — Ne constituent pas une contrefaçon :

1° La citation textuelle ou l'insertion d'un morceau ou passage extrait d'un ouvrage déjà publié ;

2° La reproduction ou l'extrait d'une Revue, d'un Dictionnaire, d'un Journal ou d'une Composition d'un genre analogue, pourvu qu'on indique l'écrit auquel l'extrait a été emprunté ou que la reproduction ne porte pas sur une partie considérable de l'article, au jugement des experts;

3° La reproduction d'une poésie, d'un mémoire, d'un discours, etc., faite dans un ouvrage de critique littéraire, dans une histoire de la littérature, dans un journal, dans un livre destiné à l'usage d'un établissement d'instruction;

4° La publication d'un recueil de morceaux choisis de différentes œuvres ;

5° La publication séparée d'additions ou de corrections faites à l'œuvre d'un auteur ;

6° La publication de l'auteur décédé sans héritier ni cessionnaire et qui aurait négligé les formalités légales prescrites pour la conservation de sa propriété ;

7° La publication des œuvres anonymes ou pseudonymes, mais en tenant compte des restrictions exprimées aux articles 1259 et 1279 ;

8° La représentation d'un drame ou l'exécution d'une œuvre musicale, lorsqu'elle a lieu sans l'appareil théâtral, dans une maison particulière, dans un concert public gratuit ;

9° La représentation ou l'exécution d'une œuvre dramatique ou musicale dont les produits sont destinés à des œuvres de bienfaisance ;

10° La publication du livret d'un opéra ou des paroles de toute autre composition musicale, lorsque leur auteur n'a pas réservé expressément sa propriété littéraire ;

11° La traduction d'une œuvre déjà publiée, sauf les dispositions des articles 1269 et 1272 ;

12° La reproduction d'un ouvrage de sculpture, s'il y a entre elle et l'original des différences tellement essentielles qu'elle doive être considérée comme un ouvrage nouveau, le tout d'après l'avis des experts ;

13° La reproduction desdites œuvres, lorsqu'elles se trouvent sur les places, dans les promenades, dans les cimetières ou autres endroits publics ;

14° La reproduction des œuvres de peinture, de gravure, de lithographie exécutée au moyen des procédés de l'art plastique, et, à l'inverse, la reproduction des œuvres plastiques par la peinture, la gravure, la lithographie ;

15° La reproduction d'un modèle déjà vendu, lorsqu'elle en diffère sur des points essentiels ;

16° La reproduction des œuvres d'architecture, lorsqu'il s'agit de monuments publics ou de la partie extérieure des maisons particulières ;

17° L'usage d'œuvres artistiques comme modèles destinés aux produits d'une manufacture ou d'une fabrique.

CHAPITRE VI.

DES PEINES DE LA CONTREFAÇON.

1323. — Quiconque aura contrevenu aux dispositions contenues dans les articles 1316-1321 perdra au profit du propriétaire de l'œuvre tous les exemplaires existants et payera le prix de ceux qui manqueront pour compléter l'édition.

1324. — Si le propriétaire ne veut pas recevoir les exemplaires existants, le contrefacteur lui payera la valeur de l'édition entière.

1325. — Le prix des exemplaires à payer par le contrefacteur sera le prix actuel des exemplaires de l'édition légale; et, si celle-ci est épuisée, on considérera le prix que coûtaient les exemplaires au commencement de la publication de l'ouvrage.

1326. — Si l'édition légale de l'ouvrage s'est faite par abonnement, le prix à payer par le contrefacteur sera, non pas celui de l'abonnement, mais le prix que coûtait l'ouvrage sur le marché littéraire à la fin de sa publication.

1327. — Si l'édition contrefaisante est la seule, le contrefacteur payera le prix que les exemplaires seront payés par le public, sauf le droit pour le propriétaire de réclamer contre la modicité de ce prix.

1328. — Si la contrefaçon a été exécutée autrement que par des procédés mécaniques, le prix sera déterminé par experts.

1329. — Lorsque le nombre des exemplaires qui composent l'édition contrefaisante est inconnu, le contrefacteur non-seulement perdra les exemplaires qui auront été saisis, mais payera la valeur de mille exemplaires, sauf au propriétaire à prouver que ce quantum est inférieur au préjudice qu'il a subi.

1330. — Les planches, moules et matrices qui ont servi à fabriquer l'édition frauduleuse seront détruits; cette mesure ne s'applique pas aux caractères d'imprimerie.

1331. — Les dispositions des articles 1323-1327 s'appliqueront aussi au cas où l'édition illicite aurait été fabriquée hors de la République mexicaine.

1332. — Quiconque fera représenter une pièce de théâtre ou exécuter une composition musicale en violation de l'article 1316-3° et 9°

et des articles 1317 et 1318, versera entre les mains du propriétaire la totalité du produit *brut* de la représentation ou de l'exécution illicites.

1333. — Si la représentation ou exécution comprend différentes pièces ou compositions, on divisera la recette en parties proportionnelles au nombre d'actes ou de morceaux, et, si le calcul ne peut se faire d'après ce mode, il se fera par experts.

1334. — Le propriétaire a le droit de saisir la recette avant, pendant et après la représentation.

1335. — On fera entrer dans le calcul de la recette le prix que représentent les billets d'abonnement.

1336. — Les copies qui auraient été distribuées aux acteurs, chanteurs et musiciens seront détruites, ainsi que les livrets et partitions.

1337. — Le propriétaire a le droit de faire suspendre l'exécution de l'œuvre, auquel cas on appliquera l'article précédent et on lui allouera une indemnité fixée par experts.

1338. — Le propriétaire, outre le droit qu'il a sur le montant de la recette, doit être indemnisé du dommage que lui a causé la représentation illicite. Le juge fixera une indemnité, après avoir pris l'avis des experts.

1339. — La loi rend civilement responsable celui qui, pour son compte, entreprend ou exécute la contrefaçon.

1340. — Si la contrefaçon a été opérée hors de la République, le débitant sera responsable.

1341. — Les acteurs et les artistes qui exécutent la contrefaçon pour le compte d'autrui, ne sont pas civilement responsables.

1342. — Nul autre que le propriétaire ne peut exercer les droits dont il s'agit dans le présent Titre.

1343. — Dans tous les cas douteux, le juge doit entendre l'avis des experts.

1344. — Dans les procès sur des propriétés littéraires, dramatiques ou artistiques, le juge compétent sera le juge du domicile du propriétaire.

1345. — L'autorité politique de chaque État est compétente pour faire suspendre l'exécution d'une œuvre dramatique, séquestrer la recette, saisir un ouvrage contrefaisant, et, plus généralement, pour prendre toutes mesures d'urgence.

1346. — Les jugements rendus en matière de propriété littéraire, dramatique ou artistique seront ou non susceptibles d'appel suivant le chiffre de l'intérêt en litige. Mais les ordonnances d'urgence rendues en conformité de l'article précédent ne donneront lieu à aucun recours.

1347. — Une fois l'instance en revendication de la propriété engagée, le désistement ultérieur du propriétaire ne décharge le contrefacteur que de la responsabilité civile.

1348. — Indépendamment des condamnations prononcées par le présent chapitre, le contrefacteur sera passible des peines édictées par le Code pénal pour le délit de *fraude*.

CHAPITRE VII.

DISPOSITIONS GÉNÉRALES.

1349. — Pour acquérir la propriété, l'auteur ou son fondé de pouvoir devra se présenter au ministère de l'instruction publique, pour y obtenir la reconnaissance légale de son droit.

1350. — L'auteur d'un livre en présentera deux exemplaires.

1351. — Tout auteur d'une œuvre musicale, d'une gravure, d'une lithographie ou œuvre analogue, en présentera un exemplaire.

1352. — L'auteur d'une œuvre d'architecture, de peinture, de sculpture ou tout autre artiste du même genre, présentera un dessin, un croquis ou un plan, avec indication des dimensions et de tous les caractères distinctifs de l'original.

1353. — Les exemplaires mentionnés en l'article 1350 seront déposés, l'un à la Bibliothèque nationale, l'autre aux Archives générales.

1354. — L'exemplaire de l'œuvre musicale sera déposé à la Société philharmonique.

1355. — L'exemplaire des gravures, lithographies etc., ainsi que la notice descriptive mentionnée en l'article 1352, seront déposés à l'École des Beaux-Arts.

1356. — L'auteur d'un ouvrage anonyme qui voudra jouir de sa propriété, joindra aux exemplaires susmentionnés un pli cacheté qui renfermera l'indication de son nom.

1357. — A la Bibliothèque, à la Société philharmonique et à l'École des Beaux-Arts, on tiendra registre de toutes les œuvres déposées. Ce registre sera publié mensuellement dans le *Journal officiel*.

1358. — Les extraits délivrés conformes auxdits registres emporteront présomption de propriété, mais ils ne feront foi que jusqu'à preuve contraire.

1359. — Le propriétaire qui ne remplit pas les formalités prescrites par les articles 1350-1352 sera passible d'une amende de 25 piastres, et n'en demeurera pas moins tenu de l'obligation du dépôt.

1360. — Toute nouvelle édition, traduction ou reproduction entraîne un nouveau dépôt.

1361. — La propriété relative à la représentation d'une œuvre dramatique ou à l'exécution d'une composition musicale sera légalement reconnue par cela même que l'aura été la propriété littéraire et artistique des auteurs.

1362. — Lorsque l'on exécute une œuvre inédite, soit dramatique, soit musicale, sans le consentement de l'auteur, celui-ci sera admis à prouver sa propriété par les voies ordinaires. Cette preuve une fois administrée, on appliquera à la personne responsable de la représentation illicite les dispositions du présent Titre.

1363. — Les contrats passés pour la publication d'un ouvrage devront déterminer le nombre des exemplaires qui pourront être tirés. Dans le cas contraire, il n'y aura pas ouverture à l'action en contrefaçon pour ce chef.

1364. — Tout auteur, traducteur ou éditeur devra mettre sur la couverture du livre ou de la composition musicale, au bas de la gravure, au pied ou aux autres endroits apparents de l'œuvre artistique, son nom, la date de la publication, les conditions de reproduction ou les avertissements légaux qu'il jugera convenables.

1365. — L'auteur qui n'aura pas observé les dispositions de l'article précédent, ne pourra exercer les droits attachés à l'accomplissement des formalités prescrites par cet article.

1366. — Le cessionnaire d'une propriété intellectuelle temporaire n'aura la jouissance de cette propriété que pendant le temps qui reste à courir pour achever la période légale.

1367. — Si les différents copropriétaires d'un ouvrage ne s'accordent pas quant à l'exercice des droits que la loi leur confère, on s'en tiendra à la décision prise par la majorité, sauf les dispositions de l'article 1299. — Si la majorité ne se décide pas, le juge prononcera.

1368. — Dans l'hypothèse prévue par l'article précédent, les produits seront divisés en parties proportionnelles, s'il est possible de déterminer la part que chaque collaborateur individuellement a prise au travail commun, ou en parties égales, si cette détermination ne peut se faire.

1369. — Pour les effets juridiques, on considère comme auteur celui qui fait faire un ouvrage à ses frais, sauf convention contraire.

1370. — Lorsque la succession de l'auteur est dévolue au Trésor public, conformément aux lois, la propriété de l'œuvre intellectuelle s'éteint, et l'œuvre tombe dans le domaine public, sans préjudice des droits des créanciers du propriétaire.

1371. — La Nation a la propriété littéraire de tous les manuscrits des archives et administrations fédérales, ainsi que de ceux du District fédéral et de la Californie ; en conséquence, aucun de ces manuscrits ne pourra se publier sans l'autorisation du gouvernement.

1372. — La même autorisation sera nécessaire pour la publication des manuscrits et la reproduction des œuvres artistiques qui appartiennent aux académies, colléges, musées et autres établissements publics.

1373. — La publication et la reproduction des manuscrits et des œuvres artistiques qui appartiennent aux divers États de la République, ne pourra avoir lieu sans l'autorisation de leur gouvernement respectif.

1374. — Si les œuvres dont il est parlé aux trois articles précédents ont été acquises par l'État aux termes d'un contrat passé avec le propriétaire, on se conformera aux stipulations insérées dans ledit acte de cession.

1375. — Les œuvres publiées par le gouvernement tomberont dans le domaine public dix ans après leur publication. La computation de ce délai se fera suivant le mode réglé en l'article 1282 et sous réserve de l'exception mentionnée en l'article 1281.

1376. — Néanmoins, il sera loisible au gouvernement de proroger ou de restreindre le délai imparti par l'article précédent, suivant qu'il le jugera utile.

1377. — Les dispositions du présent Titre profitent à l'auteur, au traducteur et à leurs héritiers, pourvu que leur droit de propriété ne soit pas encore éteint lors de la promulgation de ce Code. Mais, pour bénéficier de ces dispositions, ils devront remplir les formalités prescrites par les articles 1349-1352.

1378. — Si l'auteur ou ses héritiers ont aliéné la propriété intellectuelle, le cessionnaire conservera cette propriété durant toute la période assignée par la loi alors en vigueur à la durée du droit des auteurs sur leurs ouvrages, et, à l'expiration de cette période, la propriété fera retour à l'auteur ou à ses héritiers, qui en jouiront à l'exclusion de tous autres et conformément aux dispositions du présent Titre.

1379. — La propriété littéraire et la propriété artistique se prescrivent par *dix* ans, comptés suivant le mode établi par l'article 1282. — La propriété dramatique se prescrit par *quatre* ans, comptés à partir de la première représentation ou exécution de l'œuvre.

1380. — La propriété qui fait l'objet de ce Titre sera considérée comme *meuble*, sauf les modifications inhérentes à sa nature spéciale et par lesquelles la loi la distingue des autres droits mobiliers.

1381. — Lorsque la reproduction d'une œuvre sera jugée utile et que le propriétaire omettra de la faire, le gouvernement pourra décréter cette reproduction, auquel cas il l'entreprendra lui-même pour le compte de l'État ou la mettra aux enchères publiques, sauf l'indemnité à payer au propriétaire et l'accomplissement des autres conditions prescrites pour l'expropriation pour cause d'utilité publique.

1382. — La propriété ne peut avoir pour objet les publications prohibées par la loi ou retirées de la circulation en vertu d'une sentence judiciaire.

1383. — Pour les effets juridiques, on ne distinguera pas entre

Mexicains et Étrangers : il suffit que l'œuvre soit publiée sur le territoire de la République.

1384. — Si un Mexicain ou un Étranger résidant au Mexique publie une œuvre hors du territoire de la République, il pourra jouir du droit de propriété, pourvu qu'il se conforme aux prescriptions des articles 1349-1352.

1385. — Le traducteur d'une œuvre écrite en langue étrangère aura sur sa traduction les mêmes droits qu'un auteur.

1386. — La loi assimile entièrement aux auteurs mexicains les auteurs qui résident dans des États étrangers, pourvu que les Mexicains jouissent de la réciprocité dans les États où leurs œuvres ont été publiées.

1387. — Toutes les dispositions insérées au présent Titre sont générales, comme constituant la réglementation de l'article 4 de la Constitution.

Paris. — Imprimerie de E. DONNAUD, rue Cassette, 9.

www.ingramcontent.com/pod-product-compliance
Ingram Content Group UK Ltd.
Pitfield, Milton Keynes, MK11 3LW, UK
UKHW032036260826
14628UKWH00006B/2989

9 782013 560917